Gracias a los bebés y padres

Ben, David y Bill, Samuel y Mona, Emma, Sam, Karen, y Bill

⌐

Gracias a los doctores de bebés

Merton Bernfield, Sarah Birss. T. Berry Brazelton, Peter Gorski, Gerry Hass, Penelope Leach,

Laura Riley, Ralph Ross, Barry Zuckerman, y Pamela Zuckerman

⌐

Gracias a las enfermeras de bebés

Mary Ellen Flanagan y Amy Steele-Bucci

⌐

Un agradecimiento muy especial a Lindsey Rae, Trish y Ray

Título original: HAPPY BIRTH DAY!

Traducción: María Antonia Menini
Fotocomposición: Editor Service, S.L. – Barcelona
Texto © 1996, ROBIE H. HARRIS
Ilustraciones © 1996 MICHAEL EMBERLEY

Primera edición española para todos los países de lengua castellana. Reservados todos los derechos.
© 1996, Ediciones Serres, S.L.
Muntaner, 391 – 08021 Barcelona

EDITADO POR ACUERDO CON WALKER BOOKS LIMITED Londres

Impreso en Italia

ISBN: 84-88061-40-4

(1. Alumbramiento-Ficción. 2. Bebés-Ficción.) 1. Emberley, Michael, ill., II. Título

Este libro ha sido tipografiado en Benguiat
Los dibujos están realizados a lápiz y pastel

EL DÍA QUE NACISTE

Escrito por
Robie H. Harris

Ilustrado por
Michael Emberley

To Aaron & Natasha

Because each new life is distinct
and a gift to ponder in our/
your hearts.

Grandma Gretchen
&
Grandpa Keith

SerreS

I will never forget the day you were born. Your head came out all wet and covered with shiny hair. Then the rest of your body came out, all wet and slippery. The midwife caught you in her two hands.

Nunca olvidaré el momento en que naciste. Primero salió la cabecita cubierta de húmedo y lustroso cabello. Después salió el resto de tu mojado y resbaladizo cuerpo y la comadrona te sujetó con las dos manos.

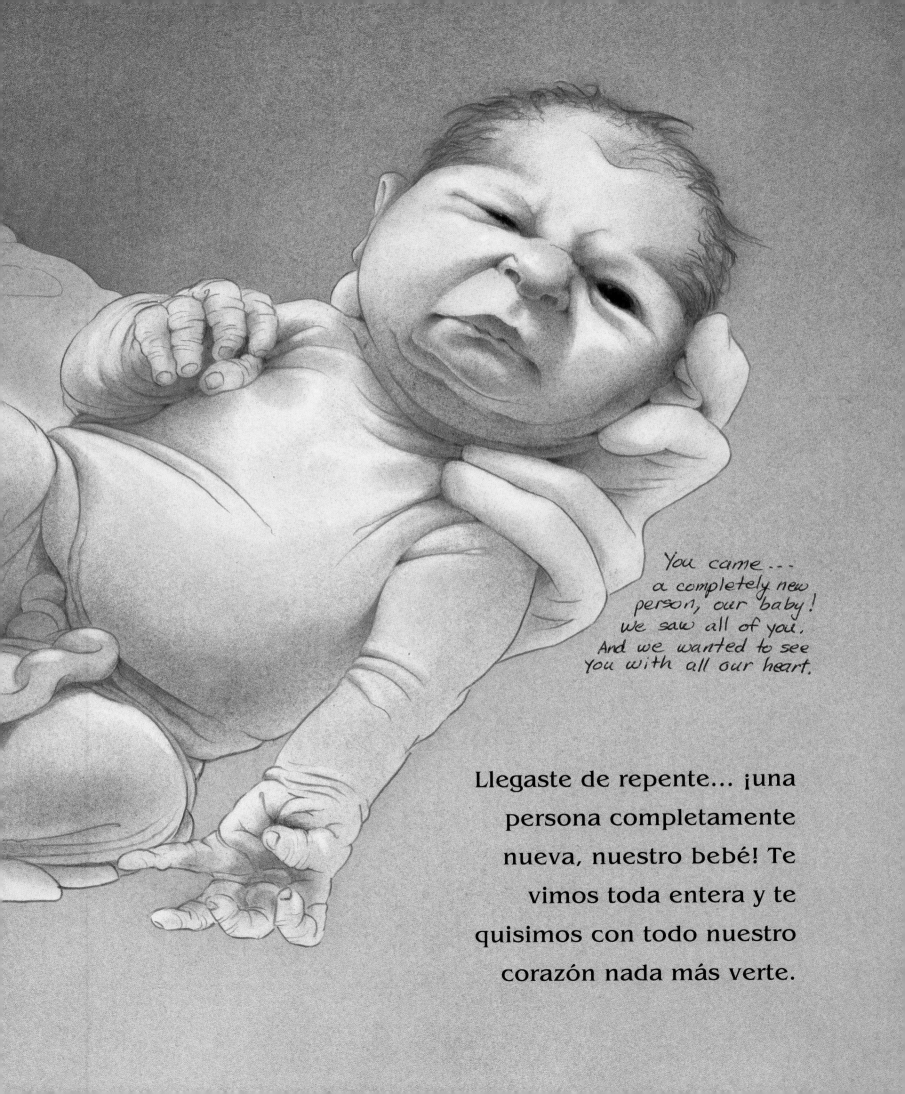

You came...
a completely new
person, our baby!
We saw all of you.
And we wanted to see
you with all our heart.

Llegaste de repente... ¡una persona completamente nueva, nuestro bebé! Te vimos toda entera y te quisimos con todo nuestro corazón nada más verte.

Soltaste un grito muy fuerte... tan fuerte como el de un cachorrito que le ladra a la luna. Parecía increíble que alguien tan menudo y recién llegado a este mundo pudiera gritar tan fuerte. Pero tú lo hiciste.

Los gritos te llenaron los pulmones de aire y entonces respiraste por primera vez. Aunque sólo tenías unos cuantos segundos de vida, ya podías respirar por tu cuenta.

You let out a very strong cry... like a puppy crying at the moon. It seemed incredable that someone so tiny and newly arrived in this world could cry so strongly. But you did it.

The cries filled your lungs with air and you breathed for the first time. Even though you had only a few seconds of life, you were able to breath on your own.

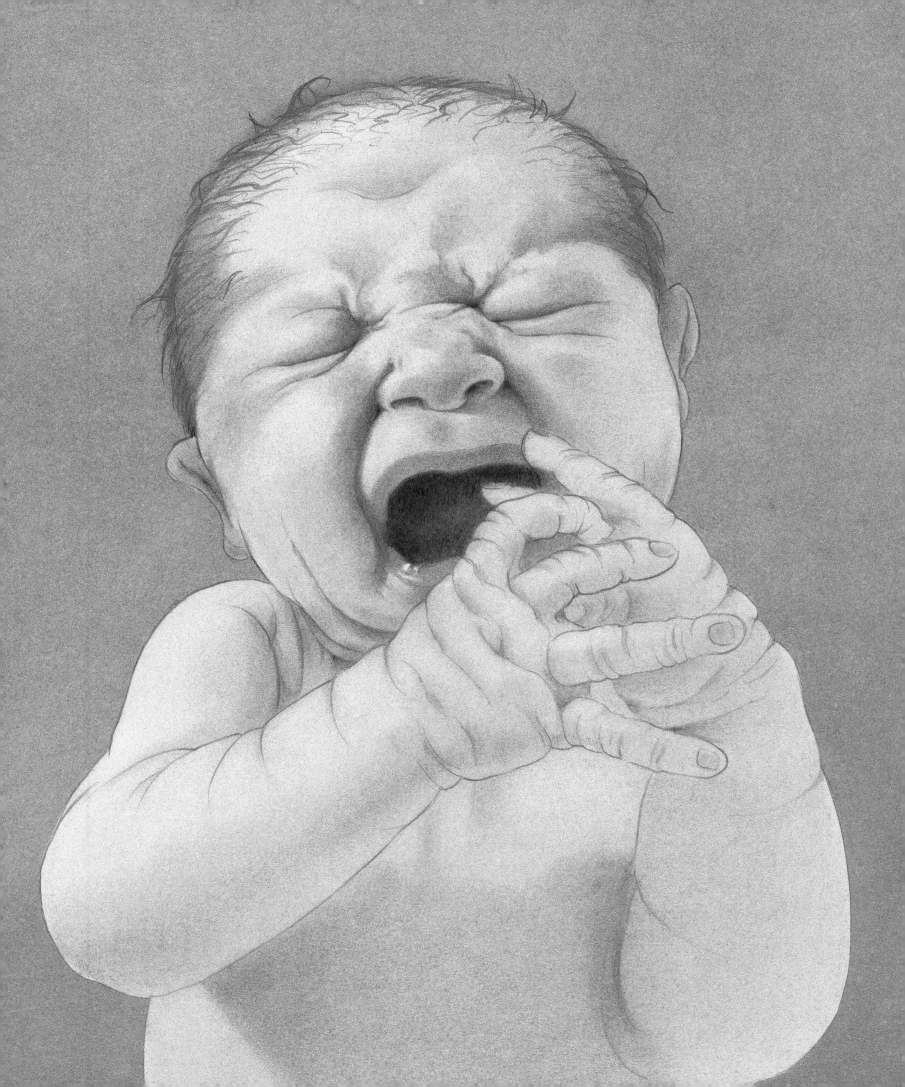

Tú y yo aún estábamos unidos por un largo y retorcido cordón. Durante los nueve meses que pasaron antes de que nacieras, la comida y el aire viajaron desde mi cuerpo al tuyo a través de aquel cordón. Ahora ya no necesitabas el cordón.

You and I were still united by a long cord. During nine months I, your mother, gave you food and air from my own body. Now the cord wasn't necessary.

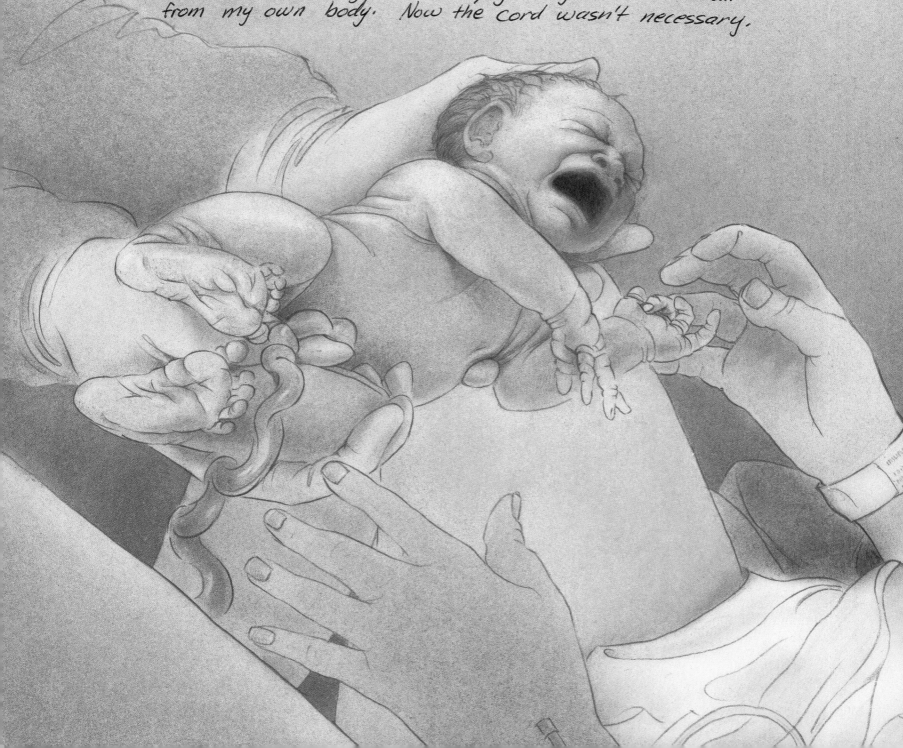

Por eso la comadrona le puso rápidamente una pinza y lo cortó con unas tijeras. ¡Menos mal que ni tú ni yo notamos el corte! No nos dolió nada. Alargué las manos hacia ti y la comadrona te dejó en mis brazos.

So the midwife helped your daddy quickly cut the cord. It didn't hurt at all. I reached out my arms and the midwife gave you to me.

¡No sabes cuánto me alegré de poder estrecharte finalmente en mis brazos! Tu aliento sobre mi mejilla estaba tan calentito como una tostada recién hecha, y tu piel contra la mía parecía tan suave como el terciopelo.

Papá te besó la cabeza y yo te besé la mejilla. Después, la comadrona te tapó enseguida con una manta y te puso un gorro para que estuvieras seca y no te enfriaras. Abriste los ojitos muy despacio y me miraste un buen rato.

You don't know how happy I was to finally hold you in my arms! Your soft breath on my cheek was like fresh warm toast, and your skin against mine was like velvet.

Daddy kissed your head and I kissed your cheek. We quickly covered you with a little hat and blanket to dry you, so you wouldn't be cold.

You opened your little eyes and looked at me for a long time.

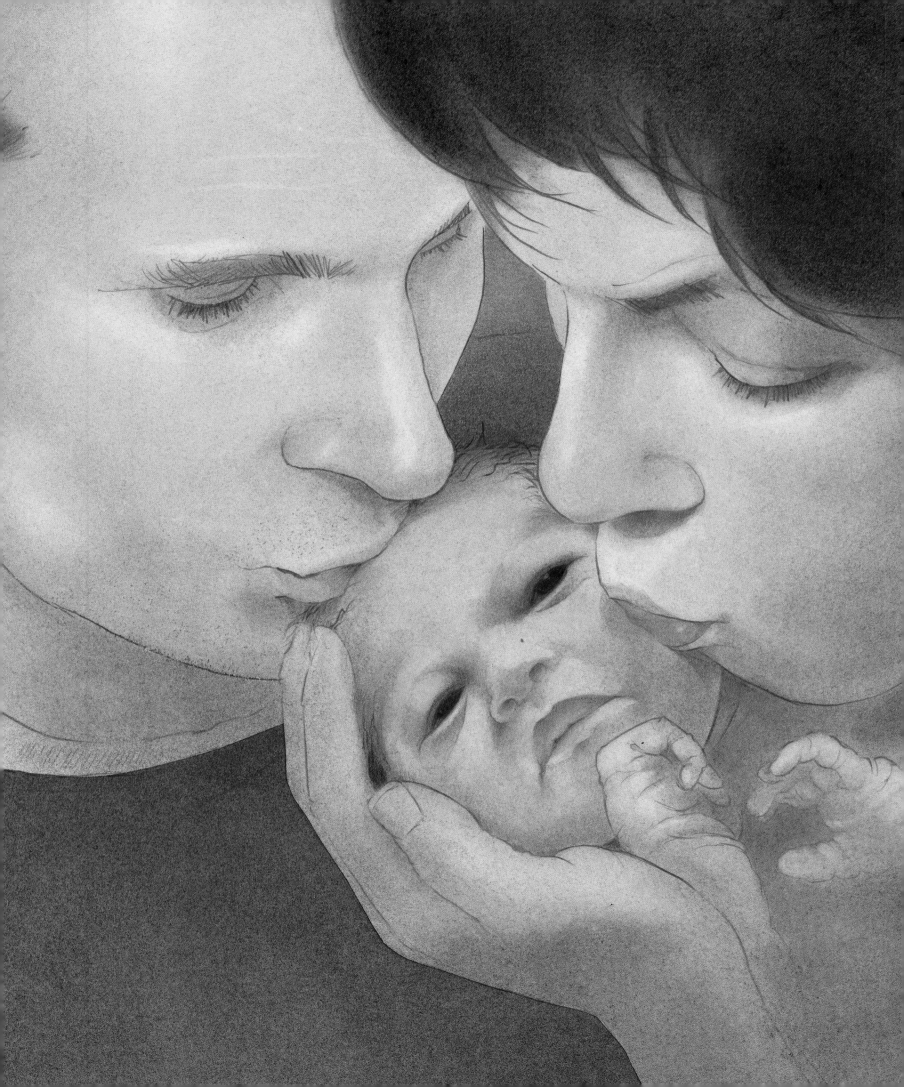

A little later the midwife weighed and measured you and said you were healthy and strong.

Poco después, el doctor te echó un buen vistazo y nos dijo que estabas muy sana y eras guapísima.

La comadrona te puso unos brazaletes en el tobillo y la muñeca para que todo el mundo supiera que eras nuestra niñita. Después te pesó y te midió, te limpió con una esponja, te secó y te envolvió otra vez con la mantita. ¡Y tú te pasaste todo el rato despierta!

She recorded all the information to prove to all the world that you were our little baby. After that she washed you with a sponge, dried you with a towel and wrapped you again in the blanket, she put on your hat again. You were wide awake.

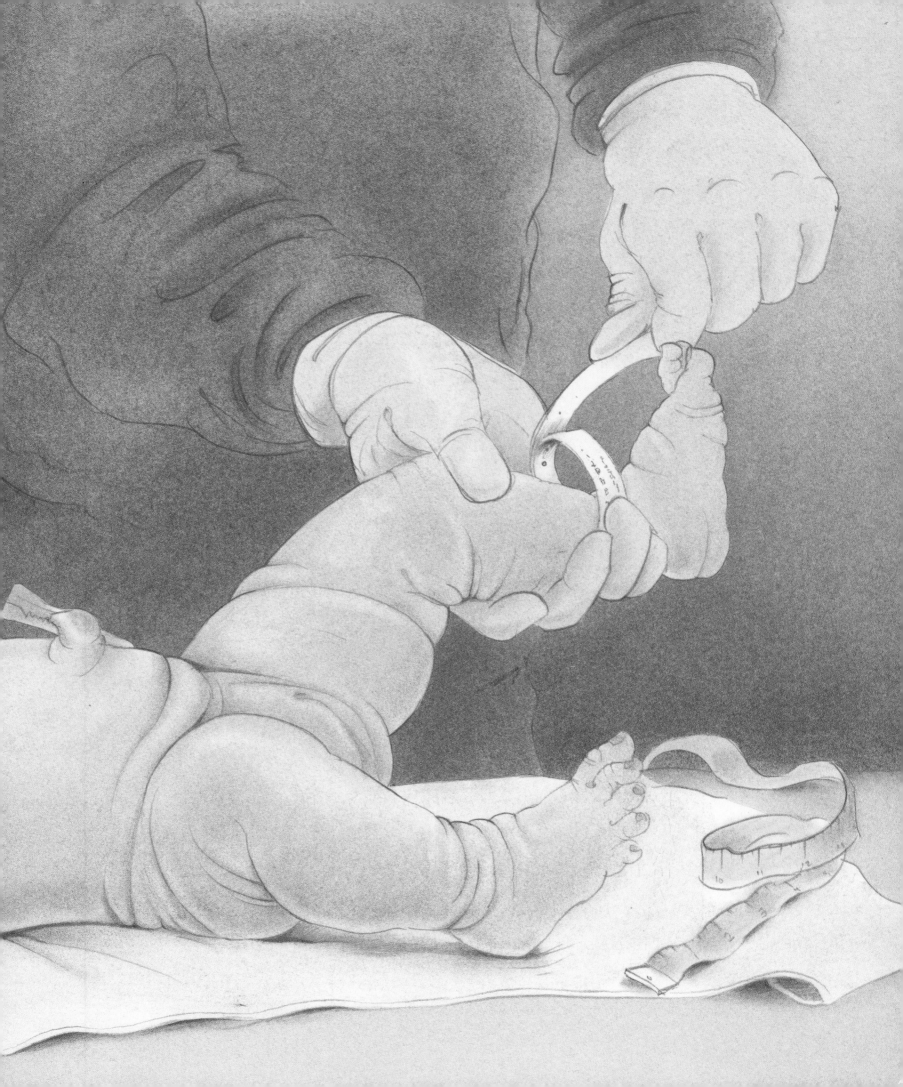

Papá te tomó en sus brazos como si fueras un balón de fútbol y te abrazó con fuerza. Estabas muy graciosa y parecías muy tranquila, envuelta en la manta en brazos de papá. Tu dedo pulgar se deslizó hacia tu boca y te pusiste a chuparlo. Pronto se te empezaron a cerrar los ojos.

Nacer no te debió de resultar nada fácil... ver la luz, oír nuevos sonidos, sentir el aire en la piel y encontrarte por primera vez en el mundo. No es extraño que estuvieras cansada.

Daddy took you in his arms like a football and gave you a big hug. You were so sweet and quiet, wrapped in the blanket in Daddy's arms. You stuck your thumb in your mouth and began to suck.

It wasn't easy to be born, to come out into the light, hear new sounds, feel the air on your skin and to find yourself in the world. No wonder you were tired.

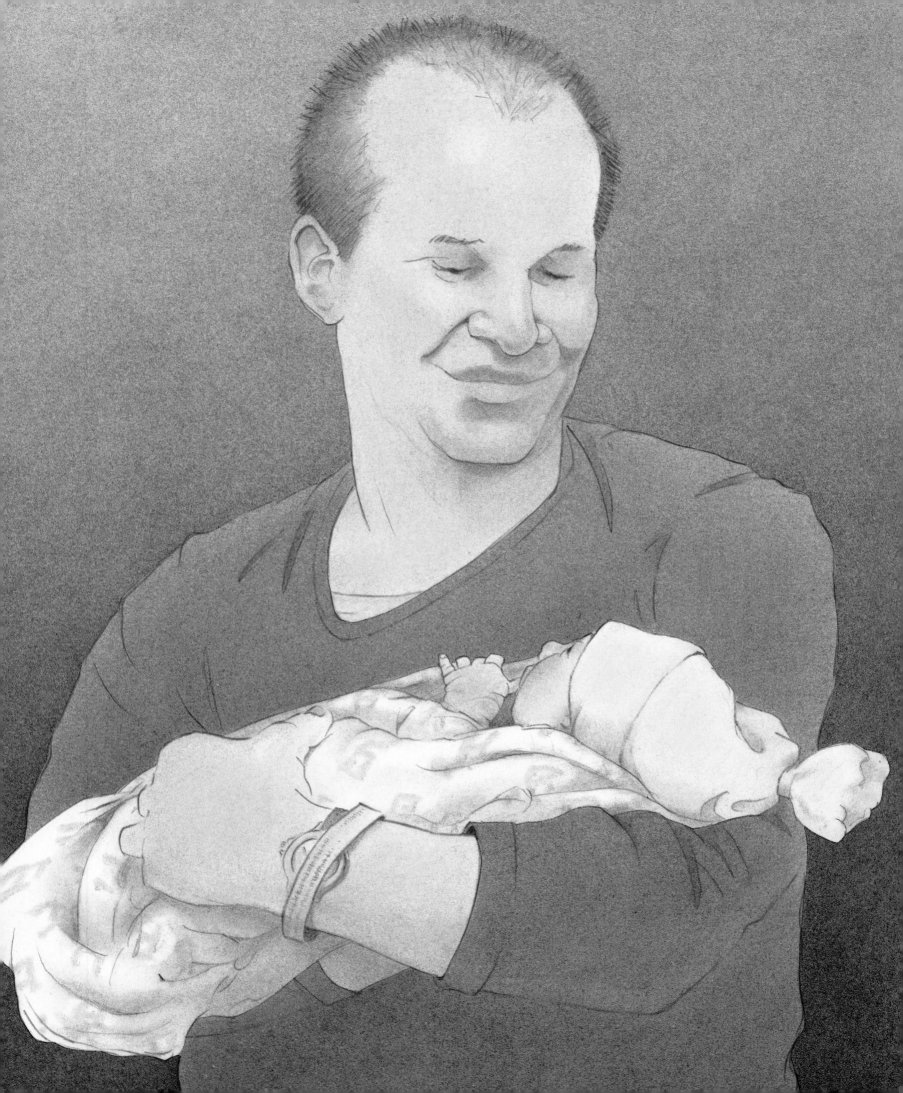

Mientras dormías, entraron nuestros mejores amigos con un osito de peluche para ti. Tu tía abuela se presentó con un triciclo de color rojo. Tu prima te llevó un dibujo de su perro. Y tu tío no paró de sacarte fotos.

¡Todos se emocionaron y se alegraron mucho de poder conocerte por fin!

Our family and also
Our best friends wanted
to see you, to bring you
a red tricycle, a stuffed
bear, a drawing. They
wanted to take pictures
of you.
Everyone was happy
to see you at last!
You stayed sleeping.

Empezaste a llorar y, de repente, te despertaste. Yo te cogí en brazos y tú te apretujaste contra mi hombro. Después tus labios empezaron a temblar, abriste la boca y te pusiste a gritar. ¡Pensé que no ibas a parar nunca!

Pero, mientras yo te acariciaba suavemente la mejilla, respiraste hondo... y te callaste. Después arrugaste la naricita y empezaste a mamar. ¡Hacías unos chasquidos muy graciosos! Papá dijo que se parecían a los de un corderito chiquitín.

You woke up and started to cry all at once, I took you in my arms and pressed you to my shoulder. Your lips trembled and you began to cry. I thought you wouldn't stop.
While I rubbed your face softly, You breathed deeply and got quiet. You moved your nose and began to nurse at my breast. Daddy said you seemed like a little lamb.

Cuando terminaste de mamar, te sostuve sobre mi hombro y te froté la espalda. ¡Entonces soltaste un eructo muy fuerte! Después hiciste caca y pipí. Papá te cambió el pañal y tú estornudaste dos veces. Después te vino el hipo.

El ruido nos hizo reir. Nos parecía muy raro que alguien tan pequeñín pudiera hacer tantos ruidos y tantas cosas a la vez. Al final, bostezaste y te volviste a dormir... y todo se quedó muy tranquilo.

When you finished nursing, I put you on my shoulder and rubbed your back. You let out a loud burp.

After that you dirtied your diaper and Daddy changed your diaper for the first time. You sneezed twice and began to hiccup.

Your noises made us laugh. You seemed so little to make so many sounds all at once. At last you yawnd and fell asleep... and all was quiet.

Por la tarde vinieron a verte
la abuela y el abuelo. Te
hablaron de todas las cosas
bonitas que harían contigo…
ir al cine, comer helados, hacer
bolas de nieve, colorear dibujos,
cocer pasteles, atrapar peces,
construir castillos de arena y
hacer volar cometas.

Aunque no tenías ni siquiera un
día de vida, les encantó hablar
contigo.

Your Oma and Opa came to see you first.
And Grandma and Grandpa wanted to come, too,
to tell you about all the things they wished and
wanted to do with you… eat
ice cream, play in the snow, and
build houses in the sand.

Even though you weren't even a
day old they all wanted to
talk with you and hold you.

Grandma and Grandpa
and Oma and Opa all
love you very much.

Aquella noche, papá te contó los dedos de las manos y los pies para divertirse. Después rodeó tu manita con aquella mano suya tan grandota y tú le agarraste el dedo. ¡Lo hiciste con una fuerza tremenda! Así descubrimos lo fuerte que eras.

Después, papá se quedó dormido y tú también te quedaste dormida sin soltar el dedo de papá.

That night Daddy counted all your toes and fingers. Then he took your little hand, folded into his big hand. And you grabbed his finger really tightly. So we learned how strong you were.

After that you and Daddy fell asleep but you did not let go of Daddy's finger.

I looked at you currled up between Daddy and I, and I gave you both a kiss. You were only one day old but It seemed that I knew you all my life.

Te miré acurrucada entre papá y yo, y os di un beso a los dos. Sólo tenías un día de edad, pero ya no me parecías tan nueva. Me daba la sensación de que te conocía de toda la vida.

—¡Feliz día! –te dije en voz baja. Y después yo también me quedé dormida.

"Happy Birthday," I said in a soft voice, and then I also went to sleep.

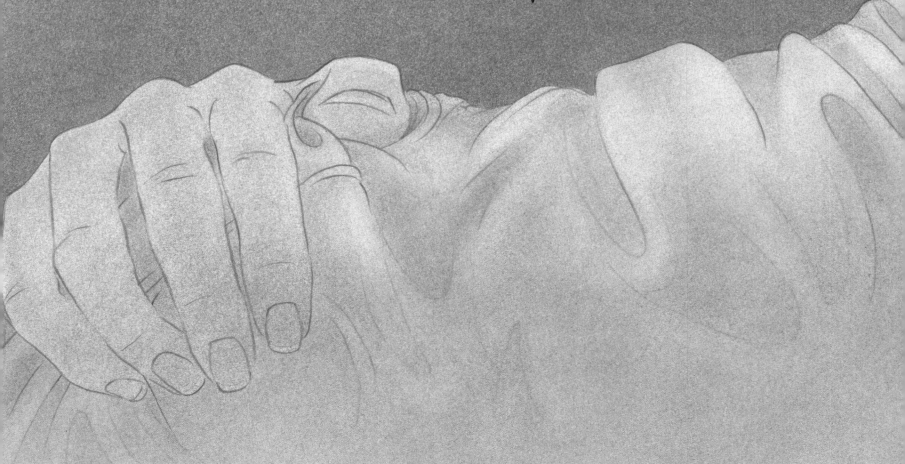